VIE

DU DOCTEUR

DE POLINIÈRE.

Lyon. — Imprimerie d'Aimé Vingtrinier, quai St-Antoine, 36.

VIE

DU DOCTEUR

DE POLINIÈRE

Par M. P. DIDAY

EX-CHIRURGIEN EN CHEF DE L'HOSPICE DE L'ANTIQUAILLE,
SECRÉTAIRE-GÉNÉRAL DE LA SOCIÉTÉ IMPÉRIALE DE MÉDECINE DE LYON.

PARIS,

MM. BAILLIÈRE et V^or MASSON, LIBRAIRES.

LYON,

M. SAVY, LIBRAIRE,
Place Bellecour, 11.
1857.

VIE

DU DOCTEUR DE POLINIÈRE

L'homme dont la vie a été une longue suite de fonctions publiques exercées sous les yeux de ses concitoyens, peut se présenter sans crainte devant leur jugement. Jamais il n'aura à subir l'affront de ces louanges banales dont l'inique bienveillance courbe toutes les têtes sous son humiliant niveau. Jamais il ne se verra exposé aux traits du dénigrement systématique qui déchirent tant de mémoires justement honorées. Car ses intentions ont pu devenir des actes : ses actes ont eu le temps de porter leurs fruits. La lumière, désormais, rayonne autour de cette tombe. La grande figure qu'elle enferme, on peut l'évoquer toute nue. Quel ennemi, quel flatteur oserait couvrir d'un voile ses vertus, ses faiblesses, quand la conscience publique veille pour conserver intact aux générations à venir l'enseignement de cette carrière qui appartient à l'histoire ?

Il y a quarante ans, un jeune docteur inconnu vint s'établir à Lyon. Étranger, sans patronage ni tribune, sans épouser ni parti ni système, il n'a point occupé une de ces hautes positions qui chez nous donnent célébrité et fortune ; il ne s'est signalé par aucune découverte. — Pourtant la mort l'a frappé chef effectif et digne chef de la médecine lyonnaise. Et son nom, éternellement béni dans l'asile du pauvre, va s'inscrire à côté des bienfaiteurs de l'humanité. Voyons donc, Messieurs, ce qu'il fut, ce qu'il fit. Suivons pas à pas cette vie si pleine d'œuvres, si riche de charité. Il ne faut rien voiler de ce tableau , c'est l'hommage dû à cette mémoire chérie ; c'est la meilleure consolation de ceux qui le pleurent : ce sera, avant tout, la plus éloquente leçon dont puissent profiter tant d'ambitions impatientes qui croient la gloire du médecin exclusivement attachée aux créations si souvent éphémères · de l'intelligence.

Augustin-Pierre-Isidore de POLINIÈRE naquit le 15 décembre 1790, à Vire, petite ville de la Basse-Normandie. L'un de ses aïeux, connu par des idées devenues classiques en physique, avait été admis à en professer l'ensemble à la cour de Louis XIV, qui honora son mérite par l'octroi de lettres de noblesse. Mais, uniquement préoccupé de la science, qui conduit à Dieu, de Dieu, dont la vraie science est la plus belle adoration, le patriarche négligea de conserver à ses enfants ce gage de la faveur d'un roi. On se transmettait dans cette famille quelque chose de plus précieux, le titre de médecin. Depuis cinq générations, ses membres l'avaient porté dans leur ville natale. Aussi, digne héritier d'un ascendant conquis par tant de vertus, son père y tenait le premier rang; influence naturelle que le médecin estimé a toujours eue dans les moments de trouble public, et qui lui a souvent valu l'immérité reproche d'en avoir été l'instigateur. Cette magistrature conciliante, le père de notre confrère l'exerçait sans partage , durant les pénibles épreuves qui assombrirent notre première révolution. Tout s'apaisait à sa voix. Tout cédait à son crédit, fruit de l'estime universelle.

Je me trompe, Messieurs. Une circonstance s'offrit — et c'est elle qui décida du sort de notre confrère — où ce crédit dut abdiquer devant une puissance supérieure. L'heure de la conscription sonnée, le père de Polinière refusa d'utiliser en sa faveur les moyens d'exemption dont il avait libéralement disposé envers tant d'autres. Plus que Spartiate, presque Brutus, par pur esprit d'équité, il envoya son seul fils , de dix-huit ans , prendre part, en qualité de sous-aide, aux meurtrières campagnes de 1809.

Dans ce grade subalterne, le jeune homme jeté, à peine initié aux éléments de l'art, au milieu du champ de bataille de Wagram, faisait provision de souvenirs... militaires, sans doute, plus que cliniques. Il s'attachait à son devoir toutefois, et avec une opiniâtreté qui eût pu le perdre, sans le secours de celui qui fut la providence des armées impériales. Épuisé par la dyssenterie, il était tombé sans force sur le revers d'un fossé. Larrey passait alors. Il voit cet enfant, descend de cheval, lui donne ce qu'il pouvait donner: quelques gouttes d'eau-de-vie , un *œuf dur*, — lui jette ce qu'il savait si bien faire pénétrer : deux mots sur l'honneur du drapeau médical ! Polinière se sent ranimé; il peut marcher désormais. Est-ce son maigre repas qui lui a rendu des forces ? Non ! le sentiment du devoir vient de lui apparaître personnifié, vivant, héroïque ! Il l'a relevé. Vous verrez où il saura le conduire.

Pourtant la carrière militaire ne le retint pas. A moins d'être un Corvisart, un Larrey, disait-il, on y est trop dépourvu de cette faculté d'initiative sans laquelle la grande médecine, la médecine des masses est impossible. Après deux ans, sa dette envers l'État payée, il comprit ce qui lui manquait, et recommença ses études interrompues. Quoique venant de contracter un mariage qui lui apportait plus que l'aisance, il se remit sur les bancs. Médecine, chimie, travaux scolaires, arts, littérature, il embrassa tout simultanément, ne se délassant de la Sorbonne qu'au parterre du Théâtre-Français, de l'amphithéâtre au Louvre, où il développait en l'épurant le goût de l'art, héréditaire dans sa famille. Cette culture sérieuse de la seconde jeunesse devait porter des fruits. Elle lui valut d'abord d'honorables amitiés, Orfila, Husson, Desgenettes, dont les chaleureux compliments firent de son dernier examen un triomphe public. Il y puisa surtout cette juste confiance en soi-même sans qui le médecin se sent d'autant plus impuissant qu'il est plus consciencieux. Cinq ans d'un labeur persévérant avaient largement comblé les lacunes de son éducation première. Il vint exercer à Lyon.

De ce moment, Messieurs, Polinière est à nous. Sa nouvelle patrie n'aura pas longtemps à lui demander ses titres de naturalisation. C'est en l'honorant d'abord, bientôt en la servant qu'il veut se montrer digne de lui appartenir. Suivez sa carrière : dans le nombre des emplois, des honneurs qui l'ont remplie, vous n'en compterez pas un qui n'ait été dignement, laborieusement conquis.

Son point de départ, comme à bien d'autres, fut un succès de concours académique. Mais le texte de la question posée mérite de nous intéresser : « *Des secours à domicile et dans les hôpitaux.* » Ainsi le sujet de sa première méditation allait devenir la préoccupation de toute son existence. Une vocation se révélait dans ce modeste écrit. La médecine hospitalière ouvrit avec bonheur ses portes à celui qui devait l'enrichir un jour de moyens plus précieux cent fois que les agents les plus héroïques de la matière médicale.

Dès l'année suivante, en effet, en 1822, Polinière est reçu au concours médecin de l'Hôtel-Dieu, et le premier sur quatre élus. Son Traité des émissions sanguines, couronné par la Société de médecine de Marseille, ouvrage essentiellement clinique, montre comment il comprenait en pratique, comment il savait utiliser en théorie les résultats de l'observation.

Déjà, avant cette importante publication, vous l'aviez admis au nombre de vos membres résidents. Je l'ai connu vers la fin tel qu'à son début. Plus de trente années d'un titulariat actif avaient laissé intact son zèle pour le bien de la compagnie. Les plus jeunes d'entre nous peuvent témoigner de l'infatigable assiduité que ce vétéran glorieux mettait à éclairer toutes les questions qui touchent à la santé publique. Ses rares qualités individuelles, non moins que son talent médical, le désignèrent naturellement à l'autorité, lorsque, en 1832 il fut jugé prudent d'envoyer quelques hommes d'élite se familiariser avec le fléau qui, de Paris alors décimé, pouvait gagner Lyon. Le rapport sur le choléra, qu'il rédigea de concert avec MM. Bottex et Trolliet, est le digne monument d'une mission que tous avaient briguée (car le péril en égalait l'importance) mais qui n'aurait pu écheoir à de plus dignes.

Mais pourquoi s'arrêter à cette vaine nomenclature? à quoi bon rappeler que notre collègue, nommé en 1827 membre du jury médical, en 1831, président de l'Administration des salles d'asile, entra, l'année suivante à l'Académie dont il devint bientôt président? Laissons à d'autres mains délayer ce fard officiel des nullités prétentieuses. Qu'importent les titres quand les faits sont là pour répondre ! Moins que tout autre, Polinière doit être jugé sur l'apparence. Sa vie fut ouverte. Ses actes ne sont point de ceux qui s'effacent. Voyons donc, non les postes qu'il occupa, mais ce qu'il y fit ! Ce n'est qu'en le peignant à l'œuvre qu'on aura son portrait fidèle, comme médecin, — comme administrateur, — comme homme.

Médecin ! c'était sa destinée, marquée avant de naître ; il le fut jusqu'à son dernier souffle. Avide de louange, jaloux d'acquérir une consistance personnelle, c'est par la médecine, uniquement par la médecine qu'il voulut s'élever. Si elle l'a conduit à tout, n'oublions pas, nous, qu'il n'accepta pas d'autre guide. L'art de guérir était chose sacrée à ses yeux : il n'y fallait pas toucher devant lui. L'on se rappelle encore, dans un salon où il allait souvent, le soir, se délasser par l'intimité, des labeurs de la repré-

sentation du jour, on se rappelle encore la stupéfaction in-
dignée qui remplaçait la quiétude habituelle de son visage
si, même en plaisantant, la conversation s'était égarée ju-
qu'à le mettre en face de cette question banale : *Docteur,
croyez-vous à la médecine ?*

Polinière a écrit et pratiqué. Il a écrit jeune. Ne le jugeons
point par son premier ouvrage. Ce n'était qu'une épreuve
de concours. Pourtant, à travers les lieux communs obligés, malgré la pompeuse tension du style , son Traité
des émissions sanguines renferme d'excellents préceptes.
Publié en 1827, il ne pouvait pas n'être point Broussaisien.
Déjà cependant on voit poindre la réaction, qui se traduit
non encore par de franches objections, mais, ce qui est
plus utile, par de sages réserves. L'auteur démontre, par
l'étude approfondie de ses effets primitifs et consécutifs,
que la saignée n'a réellement qu'un seul effet, déplétif ;
— que la douer d'un pouvoir congestif, révulsif, dérivatif,
c'est se payer de mots, équivoque tout autrement dange-
reux qu'un non-sens grammatical. Plus loin, il signale avec
force l'abus des saignées, condamne celles prodiguées dans
un but abortif, jugulant, dirait-on aujourd'hui ; avertit que
certaines phlegmasies, à début effrayant, peuvent néanmoins fort bien s'en passer ; prescrit d'être avare du sang
lorsque une lésion organique en empêche le renouvellement ;
interdit presque absolument l'évacuation sanguine chez les
sujets ou faibles ou nerveux, et ne craint pas d'appeler
pratique funeste celle qui persisterait dans les émissions
de sang au sein d'une épidémie de typhus , ou pour une
inflammation dévelopée chez les sujets soumis à l'influence

des miasmes paludéens. Or, cette réserve, le jeune médecin ne l'avait pas glissée dans son livre pour pactiser, sans
se compromettre, avec l'opposition naissante qui devait un
jour renverser le Val-de-Grâce. C'était le fond de sa pensée,
le guide de sa pratique. Vers cette époque, un brave et
loyal militaire, mais que sa profession peut-être rendait
particulièrement sympathique aux doctrines de Broussais,
voulait faire traiter sa femme, et voulait qu'elle le fût par
des saignées copieuses. Naturellement, son choix tomba
sur l'auteur du *Traité des émissions sanguines*. Celui-ci
phlébotomisa tant qu'il le crut nécessaire. Mais l'indication
du docteur n'était point celle du mari. Chaque jour, Polinière avait à soutenir de nouvelles luttes pour défendre les
droits de la temporisation. Finalement, ne pouvant empê-
cher l'abus, il céda la place à un confrère moins timide...
Il s'en trouvait aisément alors !

Praticien, Polinière devait s'élever au premier rang.
Vaste instruction, esprit essentiellement éclectique, tact
naturel et mûri dans le séjour des hôpitaux, tout explique,
justifie la faveur générale qui s'attacha rapidement à son
nom. Pourtant il n'a pas signé de monographie ; il n'a pro-
mulgué ni anti-phthisique infaillible ni alcaloïde nouveau.
Ceux que de fréquents rapports de consultations ont rendu
familiers avec sa manière s'accordent à le peindre prompt
à voir, clair à décrire, réservé à conclure, plus réservé à for-
muler, soutenant néanmoins son opinion avec une fermeté,
attribut de son caractère (médical plus que personnel), mais
maniant surtout admirablement les ressources de l'hygiène,
son arme de prédilection.

Ainsi, dans sa pratique et dans ses écrits, rien d'extraordinairement saillant (à moins toutefois que ce ne soit l'être assez que de vouloir guérir par les moyens connus, se faire comprendre par une diction à la portée de tous). Et pourtant quelle popularité! quels unanimes hommages! quel cachet de supériorité réelle ! Comment donc se forma, s'étendit cette réputation que chaque jour encore nous révèle plus solide, et dont les causes ordinaires ne sauraient rendre compte? Où en fut l'origine ? où en est le secret?... uniquement dans son cœur !

Né avec un fond de bienveillance inépuisable, Polinière qui jugeait tous les hommes bons, n'eut pas de peine à se les attacher. Illusion de l'optique affective ! la nature humaine était tenue par lui en si haute estime, que l'accueil fait aux individus se ressentait inévitablement de son impression favorable sur l'espèce. Ceux qui ne l'ont connu qu'un jour, qu'en une occasion, continueront à suspecter les intentions, là où il n'y eut, oserais-je dire, qu'une sorte de Daltonisme moral. Longtemps encore on entendra qualifier de calcul diplomatique , tout au moins de faiblesse blâmable cette condescendance instinctive que notre collègue apportait dans toutes ses relations, cette aptitude innée aux versions justificatives qui ferait de son portrait l'expressif contraste de celui du *Misanthrope*. Erreur ou mensonge, nous ne voulons pas que ce jugement franchisse le seuil de la postérité. Grands et petits, puissants et infimes, vous tous témoins ou objets de son indulgence , venez dire si, courbée devant un titre, elle se démentait auprès des inférieurs ; si jamais elle vous

parut cacher un but plus que satisfaire un besoin ; si dès
sa jeunesse où il sut se faire de chaque contemporain un
intime, jusqu'à son lit de mort où il appelait ses serviteurs
ses amis, elle n'a pas été pour lui une règle sans excep-
tion, l'exercice, pour ainsi dire, d'une fonction naturelle !

S'il suffisait de la qualité d'homme pour trouver grâce à
ses yeux, vous pressentez quel accueil obtenait le titre de
confrère. Non qu'il eût, cependant, une même mesure d'ap-
préciation pour les divers degrés de mérite. Il se connaissait en hommes, au contraire. Le premier, et dès leurs
premiers pas dans la carrière, il a prédit l'avenir de deux
collègues dont les travaux ont déjà largement vérifié ce
pronostic, MM. Teissier et Jacquemet. Mais c'est pour les
défaillances professionnelles que la cécité se faisait incurable. En fait de faute, nier ce qui reste douteux, pallier
ce qui est véniel, taire ce qui devient évident, voilà sa devise. Une respectable dame de 76 ans, qui, depuis l'arrivée
de Polinière à Lyon, n'a pas discontinué ses rapports de
chaque jour avec lui, m'affirme *ne l'avoir jamais entendu
dire du mal d'un médecin !* — Dans sa famille même, sous
l'intimité des épanchements domestiques, répéter ce qu'on
a appris ailleurs de défavorable sur le compte d'un confrère
eût été, à ses yeux, pis que médire d'un parent. Sa femme,
par hasard ou pour le mettre à l'épreuve, le prenait-elle à
témoin sur l'un de ces propos que la notoriété du fait rend
aussi innocents qu'irrécusables ? « Tu en sais plus que
moi ! » se hâtait-il de répondre en détournant la conversation. — Dans notre Société, vous le savez, Messieurs, un

comité, dit *de présentation*, fonctionne, pour écarter, sans les exposer à l'affront d'une discussion publique, ceux que les taches de leur vie privée rendent indignes de vous être adjoints. Polinière ne put refuser d'en faire partie. Mais chaque séance de cette commission était pour lui la plus rude des épreuves. Révéler les charges qui pèsent sur un candidat, puis en discuter la gravité, voilà le double but de cet examen. Polinière, j'en suis sûr, n'accomplit jamais là que la seconde moitié de sa tâche. Une seule fois, je m'en souviens, son atténuante propension dut céder devant l'évidence d'une de ces fautes qui flétrissent l'existence tout entière. Le candidat fut donc repoussé par lui... Repoussé : je me trompe ; peu de temps après, il se présentait de nouveau, et Polinière, cette fois, plaidait sa cause, trouvant ses torts suffisamment expiés par six mois d'ajournement. Néanmoins il ne fut pas admis.

Mais il faut se hâter ; car je n'ai pas une heure pour dire toute une vie de dévoûment et d'activité. Parvenu à l'âge de maturité, Polinière comptait déjà, dans ses états de service, de quoi illustrer une carrière. Pourtant, sous cette riche moisson, on devinait une seconde récolte plus riche encore. Membre du conseil de salubrité, depuis 1826, successivement attaché, par le concours d'abord, à l'Hôtel-Dieu, plus tard par des suffrages unanimes à la Charité, tout en étudiant les malades il s'était laissé étudier lui-même. Ses tendances élevées, son entente éclairée des bienfaits de l'hygiène l'avaient dès longtemps recommandé à l'attention des administrateurs de nos hôpitaux. Aussi, en 1841, quoiqu'il lui restât encore deux années de fonctions à remplir comme médecin de la Charité, le conseil l'appela dans son sein. Polinière quitta, sans hésiter, une place salariée pour le poste tout honorifique où l'invitait une confiance si flatteuse. Comment eût-il balancé ? Tous ses instincts ne vont-ils pas s'y trouver satisfaits ? Il ne cessera pas d'être médecin ; seulement, ce n'est plus un individu, c'est une population tout entière qu'un seul de ses conseils va désormais soulager ou guérir !

Car je ne comprends pas autrement la mission des administrations hospitalières. Et c'est pour cela que tant de liens, quoique incessamment tiraillés de part et d'autre, nous uniront toujours. Leur but et le nôtre ne sont-ils pas communs ? Nous cultivons le même art puisque nous relevons des mêmes nécessités. Pourvoir à l'apaisement des infirmités humaines, en veillant aux besoins du malade non moins qu'à ceux de la maladie, c'est encore de la médecine, seulement de la médecine à une plus haute puissance. Aussi, le poids d'une telle dignité en égale-t-il l'importance. L'être nécessairement collectif qu'on appelle administration doit, et cela sous peine de rester sciemment au-dessous de la tâche qu'il a acceptée, réunir les aptitudes les plus diverses. Rien de ce qui touche au bien des pauvres ne lui peut être étranger. Il y faut l'élément philosophique, religieux, l'architecture, l'agronomie, la jurisprudence, l'économie industrielle, la banque, le commerce ; il y faut de tout... même de la médecine !

Le choix honorable qui investit Polinière de ces fonctions le trouva à la hauteur des difficultés dont elles sont hérissées. Car, avec une supériorité professionnelle hors de

doute, avec les meilleures intentions, j'ai vu plus d'un excellent confrère administrateur détestable. La pratique qui
révèle les vrais besoins des malades ; l'humanité qui ne
laisse jamais méconnaître leurs droits ; l'esprit d'ensemble
qui permet les améliorations de détail sans nuire à la
marche du système ; la sagacité prévoyante qui sait sacrifier
un replâtrage momentanément suffisant à une réforme,
même tardive à mûrir ; ce juste degré d'abnégation qui ,
par une sincère déférence envers les compétences spéciales,
gagne à la sienne propre la compensation d'un ascendant
légitime... voilà une partie des qualités indispensables à
qui veut charger sur ses épaules ce lourd fardeau. Polinière
les apportait toutes. Il apportait quelque chose de plus :
deux maximes, résumé de ses convictions, règle de sa conduite ; deux maximes, l'une principe, l'autre moyen :

La première : *La médecine ne sauve que les individus ;
l'hygiène sauve les masses !*

La seconde : *Un hôpital doit être pauvre !*

Avec une pareille devise, sa carrière administrative devait être sans repos, mais elle ne pouvait être sans gloire.
Successivement élu directeur de la Charité, puis de l'Hôtel-
Dieu, pendant douze ans on le vit, sagement prodigue du
trésor dont l'accroissement par l'épargne serait plus qu'un
contre-sens, un crime, travailler sans relâche à cet appau-
vrissement salutaire.

D'importants travaux, d'utiles créations marquent cette
époque. Je les dirais plus longuement si elles avaient été
moins célébrées. Personne n'ignore que, à la Charité, con-
tinuant l'œuvre de MM. Arnaud et Ferrez, Polinière porta

des coups plus hardis encore aux constructions anti-hygié-
niques, qui, peu à peu fermant les croisées, murant les arcades, divisant les salles, selon leur hauteur, en deux entre-
sols inhabitables, obstruant les voies de communication sur
le cours du Rhône, avaient supprimé la ventilation. Par ses
soins, par son infatigable persistance, l'air et le soleil rentrent, les miasmes infects sont balayés, la gracieuse architecture de l'édifice primitif reparaît enfin. Dire que l'on
compte aujourd'hui 107 arcades, 125 fenêtres et 20 portes
rendues à leur première destination, et qui naguère encore
étaient bouchées par la maçonnerie, c'est donner à des
médecins une idée suffisante de l'utilité de la réforme ; à
des hommes qui connaissent les populations hospitalières,
c'en est assez pour faire deviner ce que sa réalisation dut
coûter à notre collègue. — Vingt autres projets exerçaient
en même temps sa sollicitude. Par le transfèrement de la
boulangerie, par un aménagement judicieux de l'espace
conquis sur d'abusives usurpations, on put organiser pour
les nourrices des dortoirs et une infirmerie séparée, augmenter le service obstétrical d'une nouvelle salle, et d'un
local destiné à l'accouchement ; donner aux internes de vé-
ritables chambres au lieu de soupentes ; placer à part les
enfants varioleux, jadis confondus avec les autres. On poussa
même le confortable jusqu'à ménager une pièce où les vieil-
lards sont libres de satisfaire l'habitude, passion pour cet
âge, de fumer. — Quant à ces derniers, une modification
plus essentielle fut introduite. Jusque là, hors quelques
promenades et l'heure des repas, ils restaient toute la jour-
née dans la salle qu'ils occupaient la nuit. De là, les dangers

de l'encombrement, l'horrible puanteur rebelle à tous les soins, la viciation de l'air, inévitable dans un emplacement constamment habité. Aujourd'hui un ouvroir spacieux les reçoit le jour; et leur dortoir a pu facilement être aéré d'une façon complète lorsqu'ils y rentrent le soir.

Il m'aura suffi d'énumérer ces changements, — et que n'ai-je pu les nommer tous! — pour vous faire saisir et la variété égale aux besoins, et la nature toujours pratique des sujets où Polinière appliquait son activité. Nous le retrouvons à l'Hôtel-Dieu avec le même zèle, ce zèle dévorant que loue l'Écriture, qui en face de nécessités moins pressantes peut-être en apparence, allait lui suggérer une entreprise plus capitale, plus fondamentalement rénovatrice encore.

L'Hôtel-Dieu avant 1830!... Pour le peindre, Messieurs, laissez-moi invoquer mes souvenirs personnels, souvenirs communs à plusieurs d'entre vous.— Au fond du carrefour des trois plus sombres rues du plus malsain quartier, s'ouvrait la première cour, bordée d'arbustes funéraires. Là, l'odorat, saisi dès l'entrée, marchait, on peut le dire, de surprise en surprise, incapable de distinguer chacune des fétidités qui semblaient s'être coalisées pour l'assaillir. Une boucherie-abattoir, avec toutes les puantes industries qui s'y rattachent, régnait, sorte de cordon anti-sanitaire, sur toute la longueur de l'un des côtés de l'hôpital. De là, le vent du Nord, aidé par la masse d'air que le Rhône entraîne dans ce sens, engouffrait incessamment ces exhalaisons dans les quatre cours, vrai cul-de-sac également dépourvu de dégagement direct et de ventilation transversale. Et comme pour augmenter, à plaisir, la force et la nocuité du foyer méphitique, l'usage avait accumulé dans cette dernière cour, rendez-vous de tous les miasmes convergents, le dépôt des morts, l'amphithéâtre de dissection, la morgue d'une grande ville... avec la promenade des convalescents ! Voilà l'ancien Hôtel-Dieu ! A ce portrait fidèle, vous commencez à comprendre la répugnance plus que séculaire du peuple à s'y laisser transporter ; comme j'ai, depuis, compris moi-même pourquoi, de retour de ma première visite à l'hôpital, je fus si chaudement félicité par mon père d'avoir pu surmonter ce dégoût dont il avait redouté pour ma jeune vocation la fâcheuse influence.

Un projet capable d'annihiler tous ces agents infectieux, vient un jour frapper Polinière. Il dégagerait les abords de l'hospice, en égayerait l'entrée, supprimerait de l'enceinte à air confiné l'une des parois qui la constituent à l'état permanent d'impasse, percerait un large accès à tous les fluides vivifiants, air, chaleur, lumière, exhalaisons végétales, assurerait enfin aux malades une promenade spacieuse et confortable.

Le plan était aussi simple que radical, mais aussi coûteux que simple : Huit ou dix maisons à abattre, 20,000 fr. de moins dans le chiffre des recettes annuelles, voilà le bilan redoutable de cette colossale entreprise !... Par sa persévérante influence, notre confrère sut la réaliser ! Si l'équité nous défend de le louer seul d'un résultat pour lequel le concours de tous était indispensable, c'est à ceux qui connaissent l'*esprit administratif* en général de dire si, en réussissant à ouvrir le promenoir de la rue Bourg-Chanin, Polinière ne donna pas la mesure de son habileté, plus encore peut-être que de sa philanthropie!

Le capital dépensé, — prodigué, murmuraient quelques voix, — ne tarda pas à porter intérêt. Un abaissement notable de la mortalité vint récompenser ces généreux calculs. Polinière se plaisait à le caractériser par une formule expressive. Divisant l'histoire médicale de l'Hôtel-Dieu en deux périodes de quinze années, l'une avant, l'autre après les améliorations réalisées, il montrait, la statistique en main, le chiffre des décès diminuant pendant que celui des admissions augmentait. Si la mort eût frappé, disait-il, sur les entrants de la seconde période comme sur ceux de la première, on aurait dû compter 30,527 décès. Or, il n'y en a eu que 25,693. C'est donc à 4,834 individus que l'hygiène a littéralement sauvé la vie!

Conçu en ces termes généraux, et marquant la résultante des progrès de toute sorte accomplis pour le bien des malades, plutôt que l'apologie d'une pensée individuelle, le syllogisme n'a rien d'exagéré, et sa conclusion me semble inattaquable.

Tout en plaçant en première ligne, au sein du conseil, ses devoirs de médecin, Polinière n'oublia point ceux de confrère. Les concours surtout fixèrent son attention. Les concours! forme toute française de l'émulation scientifique, qu'on peut rayer de nos institutions, non de nos mœurs; et dont Lyon s'honorera un jour d'avoir conservé intact le dépôt traditionnel. Si le concours ne crée pas les découvertes, seul il entretient la fermentation qui les engendre, seul il décerne, même à ses vaincus, ces palmes conquises

au grand jour, qu'on peut porter sans rougir. — Mais vous
le savez, Messieurs, la fermentation avorte, si elle n'est
continue. Or, jusqu'à ces derniers temps, de trop longs, de
trop inégaux intervalles séparaient les époques de ces solennités. En les échelonnant d'année en année, Polinière fit
plus que régulariser un service. Il voulut que l'amertume
de la défaite fût à jamais adoucie par la plus sûre des con-
solations, l'espoir d'une prompte revanche. Il voulut surtout alimenter incessamment cet ardent foyer dont la
flamme, salutaire autant que brillante, ne fait pas moins la
sécurité de nos pauvres malades que l'honneur de notre école.

Mais en assurant les droits de la gloire, un administra-
teur-médecin ne pouvait oublier ceux de l'humanité. Eclairé
par dix-huit ans d'expérience, Polinière poursuivait un vaste
plan. Pourquoi, se disait-il, laisser sortir de l'hôpital le
chirurgien qui vient à peine d'y terminer son éducation ?
Pourquoi retrancher volontairement ce membre plein de
vigueur, au moment même où sa force à l'apogée lui permet de rendre, en services, au reste de l'organisme ce qu'il
a pu lui coûter pour son propre développement ! Partant
de cette idée, il soumit et fit agréer au Conseil un règlement qui, après leurs six années de majorat, maintenait
encore, pour un temps égal, le chirurgien sortant, en fonction, sous le nom de titulaire. (Voy. l'Appendice, p. 45).

Mais j'approfondirais la matière sans l'épuiser. Tout in-
complet qu'il soit, laissons là ce récit. A travers les actions
vous avez pressenti l'homme. Vous avez hâte de voir revivre
encore quelques instants parmi nous cette figure bien-aimée
que le cœur peut peindre de mémoire.

Un coup d'œil jeté sur l'image de Polinière y révèle deux traits dominants : l'air de noblesse, l'air de bonté. Pleine d'une prévoyance qu'on aime surtout à retrouver dans ses écarts apparents, la nature, en le dotant de ces deux qualités, les lui donna l'une et l'autre, afin d'en tempérer l'excès par l'action réciproque. Sans leur mutuel correctif, c'eût été peut-être ostentation et faiblesse. Mais ce double jet de la sève morale naissait d'un fond assez riche pour fournir à l'égal développement de chaque branche. Les deux mobiles ne savaient agir que de concert ; nul ne les a vus fonctionner qu'indissolublement unis, veillant avec sollicitude, pour ainsi dire, sur leurs écarts, sur leurs trop faciles entraînements. Non contents de se marquer respectivement de justes bornes, ils se faisaient valoir : car souvent le bienfait humilierait l'obligé s'il n'élèvait son âme tout en comblant ses besoins ; et la supériorité, à son tour, au lieu d'un modèle envié mais délaissé, devient le but d'une émulation féconde, dès qu'elle s'attache à ne gagner l'esprit que par la conquête du cœur.

Polinière avait donc de grands airs. Héréditaire, innée, rivée à sa nature physique, cette noblesse de traits, d'accent, de maintien, on la lui avait connue sur les bancs de l'école ; il la portait dans toutes ses relations. Soit qu'après le repas il voulût mettre ses invités à l'aise, soit qu'il présidât un concours au nom de l'*AdministrAtion*, jamais on ne la vit se démentir. Cette immuable majesté de forme lui valut plus d'une épigramme. On en riait tout bas dans le monde frondeur des écoles ; on l'en raillait ouvertement dans le cercle de l'intimité. J'ai sous les yeux la correspondance d'une spirituelle cliente qui ne sait pas l'appeler autrement que « *mon cher solennel !* »

Mais à mesure qu'on appréciait l'homme, on voyait la sincérité de son *habitus* ; on faisait plus, l'on en comprenait peu à peu l'emploi. Ce n'était pas seulement cette *grandeur véritable* de La Bruyère, « qui se courbe avec bonté vers les inférieurs et revient sans effort à son état naturel, » c'en était le complément pratique ; car en se relevant, elle les relevait avec elle.

La médecine surtout en a profité. En la représentant toujours noble et grande dans le monde, devant l'autorité, il a appris à la respecter à tous....., même aux médecins. C'est bien peu que la forme en si grave matière, dira-t-on peut-être. Pourtant voyez une consultation sans tenue descendre insensiblement aux allures de celles que stygmatisa Molière ; une séance académique sans modérateur dégénérer à l'instant en échange d'interpellations bruyantes...; et reconnaissez, puisque aussi bien vous en profitez encore tous les jours, l'avantage de ce décorum dont on ne saurait absolument blâmer nos pères d'avoir parfois exagéré les règles, quand on le voit, pratiqué par un seul, rehausser le niveau moral d'une profession tout entière.

Le peuple, lui, ne s'y est pas trompé ; de bonne heure il avait vu en cet homme les caractères de la vraie noblesse, celle qui se prouve comme elle se gagna, par des services ; qui n'apparaît que parce qu'elle existe réellement, ailleurs que sur des parchemins. Bien rarement la multitude tarde à consacrer ses instincts par un nom ; plus rarement elle se trompe dans ce choix. Peu à peu celui de Polinière se trouva donc changé : il fut allongé. Et c'est sous cette appellation populaire qu'il a exercé le plus d'influence, qu'il a opéré le plus de bien ; car en en subissant le prestige, la foule ne faisait que s'incliner devant un emblème de supériorité qu'elle avait créé de ses propres mains. L'ascendant de ce nom s'est montré décisif en plus d'une circonstance. Un vieillard de la Charité mourait, voulait mourir sans confession. Vainement depuis une demi-heure le pieux aumônier épuisait sur lui l'effet de ses plus pressantes exhortations. Notre confrère paraît à son tour près du chevet : « Pourquoi cette résistance, mon ami?ce que vous refusez là, moi-même je l'ai fait ce matin. » — « Oh bien ! reprend de lui-même le moribond, puisque *M. de la Polinière* s'est confessé, je puis bien me confesser aussi. » Et il cède sans plus de retards.

Se crut-il obligé, par cette expression anticipée de l'opinion publique? Espéra-t-il étendre encore cette influence salutaire en lui donnant une sanction en quelque sorte officielle? J'ignore si d'autres raisons contribuèrent à le décider ; mais quoi qu'on en pense, il aurait pu invoquer le bénéfice de l'élection par les masses tout autant que l'effet du bon plaisir de Louis XIV, lorsque, en 1843, il parut aux yeux de ses confrères avec un nouveau titre. Signe irrécusable de l'universelle sympathie qu'il inspirait, on ne l'aima pas après moins qu'avant ; on vit même, par un de ces sentiments de délicatesse dont l'amitié seule a le secret, ses anciens camarades, ceux qui le connaissaient le mieux, se serrer alors de plus près autour de lui. Avaient-ils soupçonné le mobile réel de sa détermination ? ces « *vrais motifs* qui,—ainsi que Polinière, se jugeant lui-même, l'écrivait au bout de dix ans à son plus intime condisciple,— ont paru justes et puissants à de vrais philosophes qui, comme moi, savent bien que les titres et les décorations ne prouvent rien, ne grandissent pas un homme et ne le rendent pas meilleur. »

Sous cet imposant aspect, sous ces dehors patriciens, on s'attendait à rencontrer, on eût presque peint de confiance une constance romaine ! Illusion que la vérité doit dissiper, dont sa mémoire n'a pas besoin. Si Polinière nous reste présent par un attribut moral propre à lui seul, entre médecins je dirais *pathognomonique*, c'est sa mutabilité, sa perpétuelle condescendance qui le fournirait à coup sûr. Tout à tous successivement, même ensemble, non-seulement il ménageait, il semblait embrasser chaque opinion avec une flexibilité qu'on lui a justement reprochée. Incapable de fixité absolue sur aucune des questions qui nous passionnent ou nous divisent, pour lui le *justum et tenacem* fut toujours une devise trop longue de moitié. C'était, je l'affirme pour l'avoir senti à mon côté, un étrange allié que celui-là, dès qu'il s'agissait d'opposition à soutenir, de majorité à conduire, de programme à faire triompher. Et nous échangions, je m'en souviens, des regards de surprise quand, par hasard, le jour de l'action le trouvait réminiscent des engagements dont lui-même, le plus souvent, avait la veille pris l'initiative.

Mais ces faiblesses on les excusait d'abord, plus tard on se prenait à les aimer, parce qu'elles venaient du cœur. S'il semblait changer à tout venant, ce n'était ni obséquiosité, ni esprit d'intrigue. Son apparente variabilité prenait sa source dans un sentiment invariable : l'estime de l'humanité. Polinière se trompait sans doute ; mais il jugeait tous les hommes — lui comme les autres — bons, perfectibles ; toutes les opinions sincères ; toutes les intentions pures ; toutes les fautes réparables ; toutes les conversions possibles. Ainsi, persuadé par tous, il promettait à tous ; à tous il eût voulu donner satisfaction. Et quand, au dernier moment, l'expérience le forçait de reconnaître qu'il est des sentiments , des intérêts absolument incompatibles , ce fut souvent une rude épreuve pour son cœur, jamais une leçon pour sa mansuétude incurable.

Loin de ces luttes ingrates, Polinière trouvait à ses appétits affectifs un aliment comme eux inépuisable, dans le champ toujours ouvert , toujours en friche de la bienfaisance. C'est ailleurs, c'est plus haut qu'il recueille aujourd'hui les fruits de sa culture de prédilection. Laissons-les mûrir en secret, sous la main de Dieu qui saura les répartir à son heure. Mais ne sera-t-il pas permis à l'historien de compter au moins, s'il ne les doit égrener, les épis qu'il voit de toutes parts, maintenant, sortir du sol si libéralement ensemencé ? « C'est à chaque pas, me disait un vénérable curé, que je rencontre sa main ouverte chez tous mes paroissiens indigents. » Mais le mot *charité*, pour lui, n'était pas synonyme d'aumône déposée dans la main. Il l'exerçait en homme qui connaît, qui aime ses semblables. Pour en créer l'occasion, pour la rendre complète, pour en alléger le poids, pour lui faire porter tous ses fruits, il multipliait les formes ; aussi ingénieux dans ses procédés, aussi satisfait d'avoir deviné une misère honteuse de se révéler, que tant d'autres le sont d'avoir su feindre de la méconnaître. Arrêtons-nous sur cette esquisse. Polinière laisse plus d'une place vacante : mais où, plus que pour celle-ci, ses successeurs ont-ils besoin qu'on leur enseigne, par son exemple, leurs devoirs ?

Jamais, à sa porte, un malheureux n'essuya de refus. Jamais, *hors à un seul homme*, son valet de chambre n'a souvenir de l'avoir entendu dire *non*. Un consultant lui avait-il semblé peu aisé : « Allez en face chez mon pharmacien, lui disait-il, cela vous coûtera moins cher. « Et quand le client voulait solder, s'appuyant de la recommandation pour obtenir un rabais, c'est la remise du prix entier que lui faisait l'honorable coopérateur, averti par un signe au bas de l'ordonnance. Il n'y avait pas de semaine, presque pas de jour où le compte-courant de Polinière ne s'augmentât ainsi.

En ville, harcelé, harassé par les devoirs de dix fonctions, sa clientèle pauvre ne l'a jamais surpris en retard. « J'irai d'abord chez la malade de M. Diday, répondit-il à un de nos confrères qui lui demandait son heure pour une consultation dans toutes les règles ; elle ne paie pas, celle-là ! elle n'a pas le moyen d'attendre ! » Pour ses anciens obligés, jour et nuit il était prêt. L'habitude ne faisait qu'augmenter la force de ce lien sacré. Je pourrais citer une famille où, depuis trente ans, la fatalité qui tour à tour pesa sur le père, la mère et les quatre enfants, trouva dans les soins, dans les secours presque quotidiens de notre confrère, une obstination égale à la sienne. C'avait été son premier client.

Il ne tint pas à lui que ce ne fût le dernier. A son lit de mort, il se reprochait presque de ne pouvoir se faire transporter pour répondre à l'un de ses appels.

La bienfaisance de parade jette une pièce de monnaie et s'enfuit sans voir derrière elle. La vraie charité a l'œil du maître. Avant de sortir, son regard a fait le tour de la pauvre mansarde ; il en sait les moindres, les plus mystérieuses nécessités. Polinière appelé en toute hâte pour un cas de *miserere*, juge un lavement indiqué d'urgence. Mais il a aperçu le dénûment le plus complet, et, — ce trait vous fera-t-il sourire? moi, il m'a pénétré ! — au bas de l'escalier un souvenir le frappe. Après avoir donné pour payer le remède, il remonte les cinq étages pour donner encore de quoi se procurer l'instrument indispensable.

Ceci est de la bienfaisance prévoyante ; en voici de toute médicale :

Un ouvrier et sa femme viennent le consulter pour maladie d'estomac. L'interrogatoire commence : « Que mangez-vous ? — De la soupe, de la salade, plus souvent du fromage. — C'est assez : voilà deux ordonnances, suivez-les exactement, et revenez dans trois semaines me donner des nouvelles. » C'étaient deux bons, de 30 kilogr. de pain, de 15 kilogr. de viande. Sur le dernier, la main du donataire, redevenu docteur pour mieux imposer l'obéissance, avait écrit : « Alternez très-régulièrement de jour en jour l'usage du bouilli et du rôti. »

Voulez-vous, maintenant, connaître la bienfaisance hygiénique? A la Charité, 200 jeunes soldats étaient décimés par une épidémie meurtrière. Polinière voit le mal : il en a bientôt lu la cause dans leurs yeux caves, sous leur poitrine oppressée. « Ce n'est pas de remèdes qu'ils ont besoin, va-t-il dire au général commandant la division, c'est de congés de convalescence. » Mais toute administration a ses formalités, ses lenteurs ; et durant les écritures, les inspections, les contre-visites, les rangs se dégarnissaient de plus en plus. Polinière ne mollit point; avec toute son autorité, il fait parler tout son crédit. Grâce à tant d'insistance, vingt de ces pauvres nostalgiques ont pu sortir. L'un d'eux, moribond le matin, le soir même dînait du meilleur appétit. Et ceux qui restent croiront désormais aux paroles du docteur, qui leur promet pour demain le retour au pays. Ils savent, ils ont vu qu'on ne les trompe point : ils sont déjà guéris.

Parfois la misère n'est que trop justifiée ; et si la laisser sans secours est de l'inhumanité, la secourir sans discernement expose à encourager le scandale du mauvais exemple. Mais ces difficultés, où les tièdes voient un bon prétexte pour s'abstenir, n'ont rien d'insoluble. Votre cœur est-il réellement prêt à tous les sacrifices? Il en aura bientôt raison. Une veuve, sur la paille, sans feu, en hiver, avec un enfant de douze ans à son côté, est visitée par Polinière. Lui envoyer un lit, des draps, un poêle, du charbon, c'est ce qu'il faisait pour vingt autres. Mais cette mère donnait à son fils de pernicieux conseils. Notre collègue prend cet enfant chez lui, substitue à ces mauvais principes une influence meilleure, et, pendant deux mois, subvient aux frais du double ménage. Polinière avait prévu juste ; car, aujourd'hui le jeune homme fait honneur à son protecteur : il avait tout prévu, car la mère, à peine convalescente, vendit le mobilier.

Cet oubli du sens moral le peina sans doute, mais il l'embarrassait moins que l'excès opposé. Notre ami, j'ai été à même de le constater, a peu fait d'ingrats. Presque tous sentaient vivement le prix de ses bontés. Beaucoup parlaient de s'acquitter, voulaient offrir au moins un souvenir. Que d'efforts alors, que d'habiles détours pour décliner ce juste tribut. « Ne voyez-vous pas que les battements de mon cœur me récompensent assez d'avoir pu vous être utile, disait-il à une protégée non moins reconnaissante qu'il n'avait été généreux ; allez, je vois votre bonne volonté ; je me réserve de l'utiliser plus tard, à ma convenance, au moment où vous y penserez le moins. » Insistait-on ? Polinière prenait ses grands airs ; il se feignait importuné : « Laissez-moi, je n'ai pas le temps ; il me reste plus de remerciments à mériter qu'à recevoir. » Et l'on se sentait poliment, mais formellement éconduit, stupéfait de l'avoir trouvé pour la première fois inaccessible !

Ne voyez point cependant, — je dois ici, à sa mémoire, ce mot de justification professionnelle, — ne voyez point en lui un de ces hauts praticiens dont le désintéressement trop peu méritoire décrédite les humbles confrères qui vivent de leur travail. Polinière ne crut jamais déroger en recevant, en exigeant de qui pouvait l'offrir, un salaire équitablement proportionné. « J'ai trois sortes de malades, répliqua-t-il à un Monsieur affecté de *marchandomanie* suraigüe : ceux qui me paient, ceux qui ne me paient pas, et ceux que je paie ; choisissez-vous, vous-même, votre catégorie. » Le client, subitement transformé, cessa d'être son débiteur pour devenir son ami.

De ce vaste commerce, entre la charité et l'indigence, — et où toutes deux venaient s'enrichir, — vous voyez la clientèle ordinaire. Mais quel immense casuel y affluait de toutes parts ! Malades étrangers, voyageurs sans ressource, familles émigrantes, infirmes partout rebutés.... Des hôpitaux, du dispensaire, des pharmacies, de chez tous ses collègues, la voix publique leur désignait cette maison hospitalière. C'était, — je maintiens une expression échappée à l'intimité, — c'était chez lui comme *une agence d'affaires*. Là, prodigue d'un temps si disputé, Polinière ne laissait que par des services deviner, sous l'affabilité du maître de maison, son rôle de protecteur. Au pauvre, sa subsistance du jour; à la veuve, un mot de sympathie; à l'incurable, une oreille patiemment ouverte à ses doléances; à ce convalescent que l'hôpital renvoie, une chaude recommandation pour avoir du travail : voilà le programme de ses audiences quotidiennes.

Mais souvent un besoin pressant se trahit : la faim est là; il faut du pain, non des paroles. L'hôte à l'instant remplace le docteur ; il sonne : « Agarithe, ayez soin ! » dit-il seulement à celle qui, digne confidente de sa généreuse pensée, vingt ans durant sut la comprendre à demi-mot. A ce signe, la table se dresse ; et celui qui était entré solliciteur honteux, se voit admis convive, le plus souvent encouragé par la présence du maître, qui vient veiller lui-même à ce qu'il ne se montre pas trop discret.

Plus d'une fois, je le sais, je puis le dire, sa philanthropie se trouva aux prises avec les obstacles pour lui surtout les plus sérieux. On la connaissait ; on lui faisait surprise, parfois non sans préméditation. Une famille entière, de pauvres infirmes, débarquaient de loin à sa porte, demandant une place à l'hôpital. De malheureuses mères parvenaient jusqu'à son cabinet, un enfant dans leur tablier. Le règlement est impitoyable ; il exclut souvent toutes ces misères. Et Polinière, administrateur, ne lui devait-il pas respect ? Mais, quoi ! voir souffrir, quand un mot de lui peut sauver ! Jamais son cœur ne sut résister à un tel assaut : « Allez toujours, disait-il à ces malheureux en leur donnant son domestique pour introducteur, — allez toujours ; nous verrons demain à régulariser tout cela. »

Le soin du temporel ne fixait point seul sa préoccupation charitable. Organe d'une Société où le sentiment religieux est en honneur, je ne dois point taire l'intervention pieuse de son ministère auprès des mourants. Ne pas laisser partir une âme chrétienne sans le gage du pardon fut toujours sa règle de conduite. Il obéissait ainsi à une promesse sacrée, exigée par son père lors de son entrée dans la pratique ; il obéissait aussi à ses convictions personnelles. — On sait que Larrey, terminant à Lyon son éclatante carrière, dut aux exhortations de Polinière la persuasion qui lui fit demander et recevoir les derniers sacrements. Le missionnaire fut d'autant plus heureux de ce succès que, en remplissant un devoir, il acquittait une ancienne dette. « Il sauva mon corps ; j'ai sauvé son âme ! » répétait-il avec attendrissement devant la tombe désormais consolée de l'illustre vétéran de nos gloires militaires.

Avec un ensemble aussi fortement accentué de qualités nobles et conciliantes, notre digne collègue avait sa place marquée toutes les fois qu'il se présentait une mission à remplir de modérateur ou d'arbitre. Polinière était né président. Vous vous le rappelez, Messieurs : une commission de quelque importance n'aurait su se constituer sans lui ; et, dès la première séance, tous les regards, d'un commun accord, semblaient lui désigner le fauteuil. Au Dispensaire, dans les jurys de concours, à l'Académie, au sein de notre Société, au Comité de vaccine, partout il a exercé cette autorité qu'on aimait à voir perpétuée en sa personne. Sa tolérance extrême la lui rendait aussi facile à lui que profitable à ses administrés ; car il partait de ce principe, si simple et si méconnu cependant, que : *ce que je crois erreur peut bien, par une intelligence de valeur égale à la mienne, être jugé vérité ; et que, pour savoir lequel des deux est dans le droit, cent affirmations, même des plus retentissantes, ne valent pas un commencement de démonstration.* Aussi, plein de respect pour l'opinion d'autrui, toujours porté à proposer au préalable les voies de douceur, il rencontrait aisément pour lui-même une réciproque déférence. Ce fut toujours une dictature pacifique que la sienne. Succédant, ici même, à un fonctionnaire connu par la vivacité de ses allures, et à qui les représailles n'avaient point été épargnées, il reçut de son prédécesseur, avec l'accolade confraternelle, cette instruction effrayante : « Pour présider la Société, il faudrait avoir, à côté de soi, une épée !!! » — « Je me contenterai de la sonnette, » répondit Polinière. Encore ne l'agita-t-il jamais que pour ouvrir la séance.

Mais de toutes ces fonctions, vous avez déjà nommé, Messieurs, la plus belle, la plus honorable et la plus ardue en même temps, celle qu'il appelait la récompense et le couronnement de sa vie, le dernier, répétait-il, le dernier des titres dont il eût consenti à se dessaisir. Il y a bientôt six ans, poussés par un plus vif sentiment de l'urgence des besoins et de la souveraineté du remède, quelques médecins de Lyon, bravant le décourageant souvenir d'essais infructueux, tentèrent de nouveau un projet d'association. Au premier mot, Polinière est prêt ; que dis-je ? il les devance. Son salon est le rendez-vous généreusement offert, le seul acceptable peut-être, le seul accepté par tous les partis. Il convoque, stimule les tièdes, rassure les timides, fixe les irrésolus par une signature obtenue d'emblée, écrit, sollicite de l'autorité. En deux mois, grâce à tant de zèle, tout est organisé ; un nombre imposant d'adhésions répond de la durée de l'œuvre, de son succès. — Aussi, quand le gouvernement désigna Polinière pour président, un assentiment unanime ratifia ce choix. Il était doublement élu : car, avant sa nomination, personne n'avait songé à un autre candidat ; et après, chacun se demandait, sans trouver de réponse, qui, à défaut de lui, eût été à la hauteur de ce poste.

Tel la confiance publique l'avait pressenti, car nous l'avons vu à l'œuvre durant les quatre années de ces austères fonctions. Lisez, relisez les procès-verbaux de la Commis-

sion générale. A chaque page sont inscrits les vrais titres
de gloire de Polinière , les services par lesquels il a droit à
ja reconnaissance de tout ce qui , en France comme à l'é-
tranger, sent vibrer dans sa poitrine cette fibre médicale ,
au frémissement de laquelle répond celui de l'humanité
tout entière. Prodigue de son temps , jusqu'à la minutie ,
pour régulariser l'institution naissante ; prodigue de son
argent , jusqu'à la munificence (si dignement , d'ailleurs,
continuée par ses fils), il consacra, — je l'ai vu, je l'atteste,
— toutes ses facultés à assurer la réalisation du triple but
de l'Association : secourir les médecins pauvres et leur famille ; veiller à ce que tout confrère demeure digne de la
considération publique ; prévoir et réprimer tout ce qui
pourrait porter à cette considération une atteinte immé-
ritée. Par sa seule parole , aidée de l'ascendant du corps
au nom duquel il se savait en droit d'agir , il a apaisé de
regrettables dissentiments dont les tribunaux allaient s'em-
parer ; éclairé l'autorité sur les droits de la médecine; pré-
venu des schismes menaçant notre propre sein ; il a enfin ,
Messieurs , fait vivre , il a développé l'œuvre à laquelle
presque tous vous vous honorez de concourir. Si elle veut
agrandir aujourd'hui sa sphère d'action, si elle entrevoit de
nouvelles destinées , si elle prépare au monde médical le
premier exemple d'une lutte sérieuse entreprise contre le
plus perfide ennemi de la santé publique, n'oublions pas
qu'elle ne songe à la guerre que parce qu'elle se sent forte;
qu'elle serait impuissante sans la longue période de pros-
périté et d'accroissement progressif qu'elle doit à l'impul-
sion de Polinière.

Mais, hélas! tandis que l'œuvre humaine grandit, l'homme s'épuise et succombe. Notre ami, trompé par son zèle, se croyait indéfiniment applicable la loi physiologique qui crée le repos par l'exercice successif des diverses fonctions. Tour à tour médecin d'hôpital, administrateur, arbitre et défenseur officiel de nos droits, il avait constamment varié le mode de son activité philanthropique. Pourtant la lassitude se faisait sentir avec l'âge. Mais quand l'heure de la retraite était dictée par la raison, nous la voyions incessamment ajournée par le cœur. A toutes les obligations de ses devoirs, Polinière en avait ajouté une si religieusement accomplie, qu'on ne peut douter que ce ne fût là pour lui un besoin plus qu'une habitude. Il semblait avoir pris à tâche de rappeler les mérites de tous les confrères que la mort nous enlève. Depuis les notices sommaires consacrées à la mémoire de tous les membres du Conseil de salubrité (à la fin de l'excellent TRAITÉ DE LA SALUBRITÉ DANS LES GRANDES VILLES, qu'il composa en collaboration de M. le docteur Monfalcon) jusqu'aux éloges plus complets prononcés au sein de cette Société, jamais il n'a laissé une séparation se consommer sans en peindre, ou sur la tombe même, ou dans nos solennités annuelles, l'amertume et les pieux motifs de consolation suprême. C'est un des traits de son caractère : je devais l'indiquer ici. Pour le méconnaître, il faudrait n'avoir jamais compris son cœur. Fidèle aux lois de ce culte sacré, il ne voulut pas, malgré de menaçants avertissements, que le nom de Viricel reçût d'une autre main que la sienne la consécration du burin académique. Vous comprenez, Messieurs, hélas! je comprends à cette heure mieux

que personne les poignantes émotions de ce triste labeur.
Reprendre, un à un, les innombrables sujets de notre douleur ; étreindre en quelques pages incolores tant de vivante
bonté , d'expansif dévoûment ; aux yeux de tous, orateur
impassible , mener une seconde fois ce deuil que la gloire
commençait à effacer..... c'est, croyez-le, un accablant
fardeau ; il écrase à la fin ceux qui l'ont soulevé trop souvent. Polinière en est mort ! Cher et malheureux confrère !
épuisé , languissant , frappé déjà , tu voulus aller cependant jusqu'à l'extrême limite du devoir. Mais ta voix tra-
hissait tes forces. A l'entendre, éteint, entrecoupé, cet organe jadis si vibrant, un frisson traversa l'auditoire. L'ami
s'était trop penché sur la tombe de son maître. Il ne devait
plus s'en relever !

Faut-il achever, Messieurs ? Dois-je ranimer ces longs
tourments , notre plus longue angoisse ? L'honneur d'un
nom chéri exige-t-il donc que j'arrache de cette blessure
l'appareil tout saignant encore qui la recouvre à peine ?
Non : sa mémoire peut se passer d'un tel hommage. Que
dis-je ? son exemple nous le défend. Retenez ces pleurs ;
jamais il ne voulut les voir. Même à son lit de mort , le
cœur resta inaccessible aux terreurs impérieuses de la
chair qui sollicitent alors toutes les facultés de l'être à se
concentrer pour le soin de sa propre défense. Dans les
souffrances auxquelles il succombait, il n'y eut jamais pour
lui qu'une occasion de remercier ceux qui se disputaient la
consolation de les adoucir. Dégagés des liens terrestres où
souvent ils s'étaient vus entravés, sa bonté, son bien-
veillant optimisme , dans cette crise suprême, s'élevèrent

à des proportions dont notre éternel souvenir sera la sainte récompense. Ainsi, à la clarté du flambeau des adieux, s'illuminait son existence entière. Ainsi se dévoilait la sincérité, souvent mise en doute, de cette affabilité inaltérable. L'épreuve est décisive : on ne joue plus de rôle à l'agonie ! A ceux qui voudraient jeter un nuage sur son caractère, montrez Polinière domptant la douleur, le délire même, pour trouver un mot d'encouragement, un accent de reconnaissance. Voyez-le sur la couche funèbre, comprimant les sanglots qui l'entourent, en s'étonnant de les entendre. Écoutez : le terme approche, c'est lui qui, d'une voix calme, récite la réponse aux prières des agonisants. Prêtez plus bas l'oreille : le touchant amour de l'aïeul, dernier venu, survit le dernier ; et sa lèvre expirante murmure encore le refrain naïf qui sait faire sourire l'enfance... Sceptiques qui, la main sur votre propre cœur, criez à l'hypocrisie, au mensonge, gardez de cette leçon ce que vous en pouvez sentir. La mort de l'homme de bien a éclairé sa vie ; elle en serait, au besoin, la pleine justification.

Polinière n'est plus : et le corps médical s'est senti ébranlé. Il ne manque pourtant à notre nombre qu'une unité, à notre faisceau qu'une branche ; mais c'est celle-là même qui, s'enroulant autour de chacune, les rapprochait malgré leurs aspérités, pour en former un tout résistant et compact. On accourt, on se rassemble cependant ; mais pour se montrer du doigt la profondeur du vide qui vient de s'ouvrir. L'exemple des bienfaits se mêle au souvenir des conseils. C'est tout un peuple qui va manquer à la fois de direction et de secours. Et l'imposante bénédiction du pauvre monte seule au niveau du deuil de la grande famille qui, près de cette tombe, pleure son père non moins que son chef.

Cette vie si pleine n'est point finie, Messieurs. Ne la sentez-vous pas se continuer en quelque sorte au dedans de vous-mêmes? De tels liens ont plus que la force d'un souvenir ; ils résistent à la mort comme résistent à la nais- sance ceux qui neuf mois ont uni la mère et son fils. — Pour moi, souvent encore je reconnais à des signes certains la pré- sence de cette enclave chérie. Si quelque pensée confra- ternelle m'anime, si un instinct de philanthropie vient me solliciter, c'est Polinière qui pense en moi, qui me pousse à agir. On ne vit pas impunément avec un pareil modèle. Il n'a fait que reparaître un instant, méconnaissable sans doute malgré les efforts du peintre ; et déjà ne vous sem- ble-t-il pas respirer une atmosphère plus pénétrante de cha- rité, de vertu, de concorde?

Mais quoi ! tandis que je me crois loin du but, on m'ac- cuse, je l'entends bien, de l'avoir dépassé. Le portrait, en conscience tracé d'après nature, aurait-il, à mon insu, pris l'hyperbolique proportion des toiles d'histoire? Examinons : je saurai indiquer des ombres. Ils seraient injurieux à de telles figures les ménagements de convention dont vit la médiocrité.

Laissons donc, parvenus au pied du Capitole, laissons li- berté entière à l'esclave qui suit le char de triomphe. Oui, je veux que ceci soit articulé ; celui dont nous chérissons la mémoire eut du vrai stoïcien les dehors bien plus que la réa- lité. Amoureux d'honneurs et de titres, il jouissait visible-

ment des moindres marques de déférence. La louange fut
son aliment. Toute voix était bien venue à la lui faire entendre ; et son oreille semblait aller au devant de celle qui
sortait de sa propre bouche. Pour être approuvé, lui-même
ne songeait point à marchander l'approbation ; toujours
tourmenté de la peur d'avoir déplu, toujours consonnant à
l'argument du dernier interlocuteur, si bien que, hors des
devoirs de religion et de famille, on l'a pu croire incapable
de ces ardentes convictions, de ces antipathies vigoureuses
dont l'homme de bien s'honore.

Ainsi murmurait-on sur ses pas : ainsi beaucoup l'au-
ront jugé. Pourtant quelle éclatante justification ne s'est-il
pas réservée par ses actes ? Pour moi, si je jette un dernier
regard sur cette carrière, j'y vois deux parts distinctes :
faiblesse, inconstance, mobilité dans l'apparence ; unité ,
grandeur, solidité dans les résultats. Surprenant contraste,
qui déjà a déconcerté plus d'un observateur, au point qu'on
l'a assez fréquemment attribué au concours fortuit de cir-
constances favorables. Mais , explique-t-on par le hasard
quarante années de services ? Connaissons mieux celui que
nous pleurons ; et, en l'étudiant, apprenons à nous connaître nous-mêmes.

Le temps n'est plus, en effet, où l'essor d'une intelligence
supérieure domptait les volontés en illuminant les esprits.
Deux siècles de libre examen ont profondément transformé
le terrain où se gagnaient sur l'opinion ces faciles vic-
toires. Aujourd'hui, toute foi enthousiaste, taxée d'illusion, devient stérile. Tout réformateur inflexible va se
briser à son œuvre qu'il ébranle de sa chute. Avouons-le,

dussions-nous en rougir pour l'humanité ; entre l'utopie conspuée et l'idée régénératrice, il n'y a bien souvent que la différence du caractère de celui qui proposa l'une et l'autre.

Si Polinière nous offre le type opposé, je ne l'en louerai point : je dois me borner à le constater. Chez lui, ce n'était point un art acquis par l'étude. Cette hypersociabilité, il la manifestait sans plus d'efforts, il en usait pour la réussite de ses projets, aussi naturellement que tout être créé use des moyens de défense ou d'attaque que lui fournit son organisation physique. Partout insinué et partout triomphant, ec levier seul a réalisé, entre ses mains, les merveilles que la fable prête aux talismans devant qui nulle porte ne reste close. Suivez-le pas à pas : sur la trace de chacun de ses succès si chèrement disputés , vous verrez l'empreinte de l'arme qui donna la victoire... Le corps médical veut se constituer en une association protectrice de ses intérêts, gardienne de ses prérogatives. En vain les besoins parlent ; en vain les plans se succèdent; en vain s'y essaie l'initiative parisienne elle-même. Pour rassurer les rivalités ou pour leur imposer silence, il faut un nom. Tant qu'il n'est pas trouvé, l'ardeur des uns fait obstacle autant que le mauvais vouloir ou l'indifférence du plus grand nombre. Sitôt celui de Polinière prononcé, tout s'aplanit, s'organise, marche à souhait. — Dans le Conseil des hôpitaux la place d'un médecin est marquée. Près de dix déjà l'ont prise ; pas un n'a su ou voulu s'y maintenir. L'un après l'autre , on les a' vus, irrités, ou lassés, abdiquer plutôt que de consentir à laisser discuter leur juste prépondérance. Polinière à son tour vient, s'installe, soumet modestement ses plans, les présente de lui-même à la filière des rapports et amendements. Et, grâce à lui, nos hospices prennent une face toute nouvelle. Et, quand au bout de six ans, le terme réglementaire de ses fonctions est échu, c'est lui, c'est ce *bourreau d'argent*, comme ils l'appellent, que ses collègues vont prendre par la main pour le ramener au poste qu'il a si bien glorifié en s'y effaçant.

Comptez maintenant, tentez de compter les rapprochements confraternels opérés par sa médiation conciliante ; les malheureux qui, après la guérison, durent à sa recommandation toujours accueillie, le fructueux emploi de leurs forces recouvrées ; les élèves dont sa voix sut pallier les torts ou défendre les droits ; les confrères suspectés que l'autorité s'empressait d'absoudre sous l'unique caution d'un mot de lui ; les empiètements, les hostilités, les abus qui nous menacent du dehors ou du dedans, arrêtés par la crainte d'un recours au tribunal de famille, dont il représentait presque à lui seul la magistrature !...Ah ! Messieurs, qu'en présence de telles œuvres notre inflexible amour-propre doit se trouver petit ! Comparerez-vous le bruyant renom d'un tribun sans quartier pour le vice, la satisfaction puérile de s'être montré immuable, avec cette douce sérénité que répand sur le soir de la vie le souvenir de tant de bienfaits, même achetés par tant de concessions ? Instruits au spectacle de cette carrière si méconnue et si utile, apprenons désormais nous-mêmes où va souvent se cacher la grandeur réellement digne d'éloge. Si le roseau cède au vent qui renverse le chêne, certes l'immortel fabuliste n'a pu vouloir borner l'enseignement de cet exemple aux soins d'une égoïste sécurité. Mais l'arbre, en tombant, couvre un vaste espace de débris et de ruines ; l'arbuste, fléchissant à propos , sauve tout ce qui s'abritait sous son humble feuillage; et défend contre le torrent le rivage voisin... Voilà la vraie morale de l'apologue !

APPENDICE (1).

Je rétablis ci-dessous un passage dont la Société de médecine n'a point autorisé la lecture, et qui doit, par conséquent, être regardé comme l'expression de mon opinion personnelle.

P. DIDAY.

Un orage de réclamations accueillit cette mesure. Au nom des principes, pour l'avenir, disait-on, de la chirurgie lyonnaise, vingt protestations se firent entendre. C'est la ruine du majorat, répétait-on de toutes parts ! En donnant au chirurgien en chef son prédécesseur pour adjoint , vous lui ôtez sa prépondéranee, vous renversez cette autorité d'un seul maître , ce prestige de l'unité dans le pouvoir, à qui nos hôpitaux ont dû leur illustration séculaire !

(1) Voyez p. 22.

Ces reproches ne purent détourner Polinière de son œuvre : toutefois il ne s'y montra pas indifférent. Il eut tort. — C'est en les méritant davantage qu'il y fallait répondre. « Pas de demi-mesures, aurais-je dit à sa place ! Guerre ouverte au majorat ! à ce titre suranné, qu'un préjugé local laisse survivre encore à Lyon ! Ou revenez franchement à l'ancien usage d'un seul chirurgien pour 300 lits. Ou, si l'humanité vous commande la division des services, rendez hiérarchiquement égaux ceux que les mêmes devoirs par la force des choses, en dépit de tous vos règlements, ont depuis longtemps fait égaux en droits. Sauvez les droits acquis; il le faut : maintenez l'émulation, je le veux. Mais extirpez cette suprématie nominale qui a rendu stérile, dans nos hôpitaux, l'autorité de l'âge et de l'expérience en l'imposant au nom de la discipline. Vous réclamez, vous tonnez, ailleurs, contre deux ordres de médecins : mais ne perpétuez-vous pas l'abus en lui donnant un scandaleux asile sur le théâtre autorisé de la pratique modèle ? N'est-ce donc pas assez de la différence d'âge, de savoir, pour établir entre deux médecins d'hôpital cette inégalité de réputation aussi fatale à la considération du corps qu'aux intérêts des malades, sans la consacrer encore ostensiblement par un nom ? Pour moi qui, à l'Antiquaille, ai passé six années, chef (m'avait-on dit, mais sans me donner de soldats) je suis peut-être inhabile à sentir la valeur de telles choses. Mais, je le déclare : depuis qu'il m'a été donné de surprendre la conversation de deux pauvres femmes, toutes deux cancéreuses du sein, et que les hasards de l'admission envoyaient recevoir les soins l'une du major, l'autre de l'aide-major... sans contester la gloire qui a pu rejaillir sur mon pays d'une semblable institution, je l'avoue, j'ai trouvé cette gloire chèrement payée ! »

Quoi qu'il en soit, l'ordre fondé par Polinière reste debout. Il fonctionne. Et bien que, à mes yeux, il ne représente qu'une transition, déjà ce premier pas, d'ailleurs le plus difficile, est un fait, je l'espère, irrévocablement accompli.

Mon cher Confrère,

Dans la position fâcheuse où se trouve M. *** de quel secours pourrait lui être une somme de 25 f. ? Triplée ou quadruplée la somme resterait inefficace.

Je suis plein d'indulgence assurément pour lui et pour sa conduite ; mais je pense que nous devons donner une meilleure destination aux fonds dont nous pouvons disposer. — On nous blâmerait et avec raison, de dépenser l'argent de la Société

Si... mal à propos.

En définitive, l'infortune de M. * * * et de celle qui doit inspirer un intérêt médiocre en comparaison de tout d'autres et je suis d'avis que nous ne chercherions pas, nouvelles D'annider, à remplir un tonneau que doit rester fatalement percé . —

Agréez, Mon cher Confrère, l'assurance nouvelle de tous Sentiments affectueux dévoués

Lyon, le 23 Juin 1856.